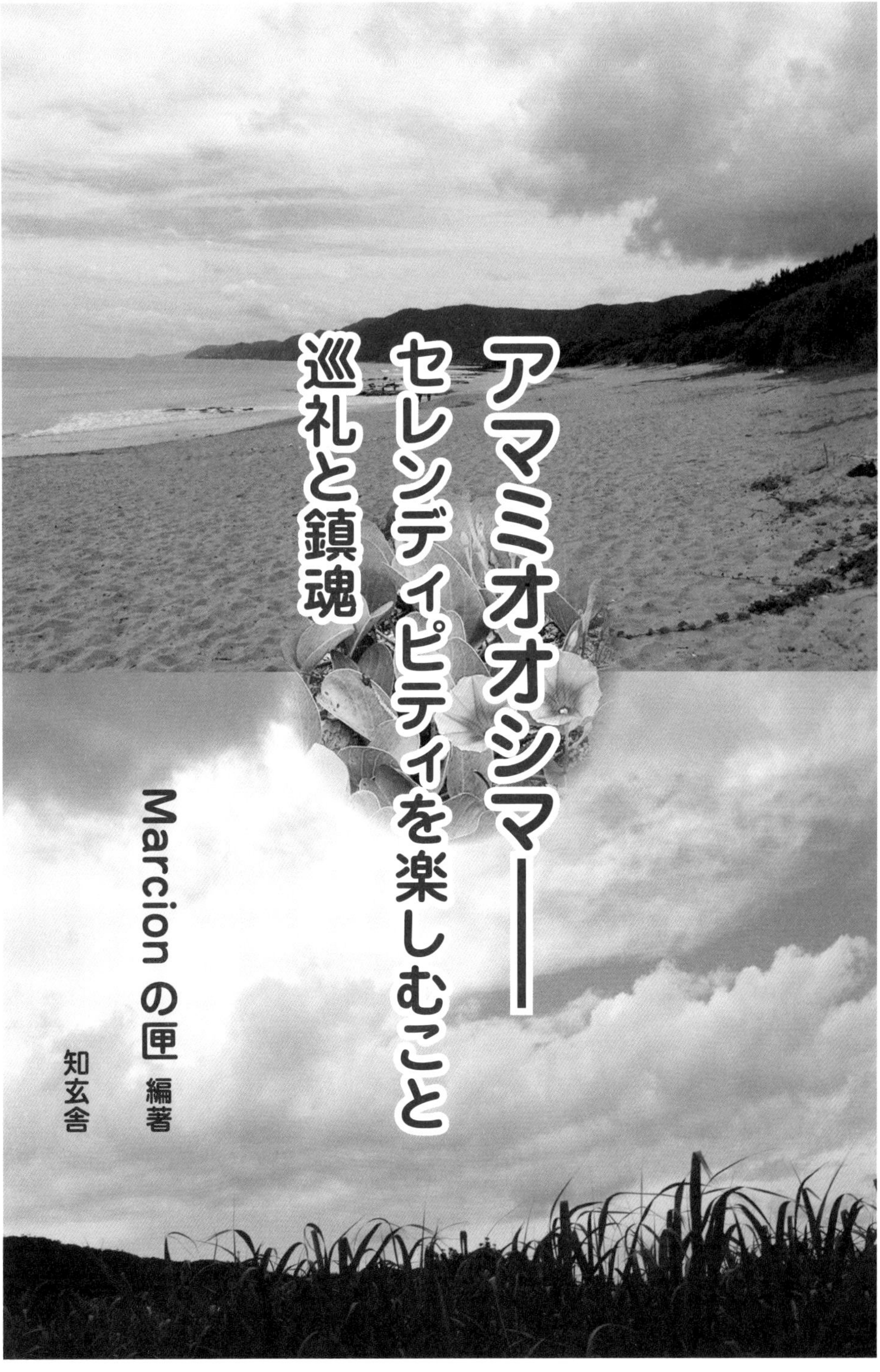

アマミオオシマ――セレンディピティを楽しむこと

巡礼と鎮魂

Marcion の匣 編著

知玄舎

マネン崎展望所から望む大島海峡（瀬戸内町）：写真：岩元剛 Tsuyoshi Iwamoto - 投稿者本人撮影・著作 , CC 表示 3.0, https://commons.wikimedia.org/w/index.php?curid=4495115 による

タコノキは共助の象徴みたいだ

高千穂神社のご神木からエネルギーをいただく

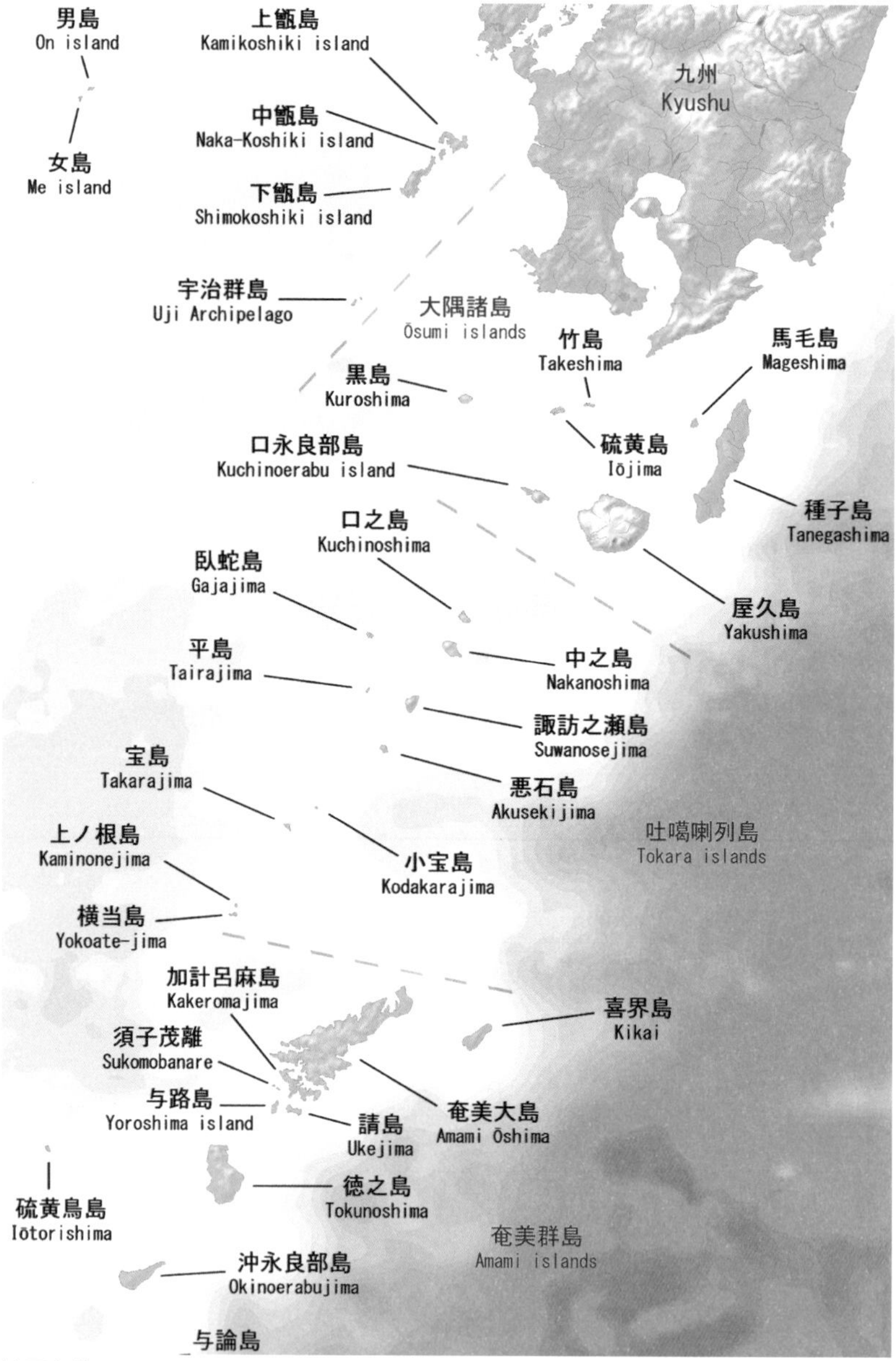

地図出典：https://www.demis.nl/products/web-map-server/examples, パブリック・ドメイン , https://commons.wikimedia.org/w/index.php?curid=83238470 による

目次

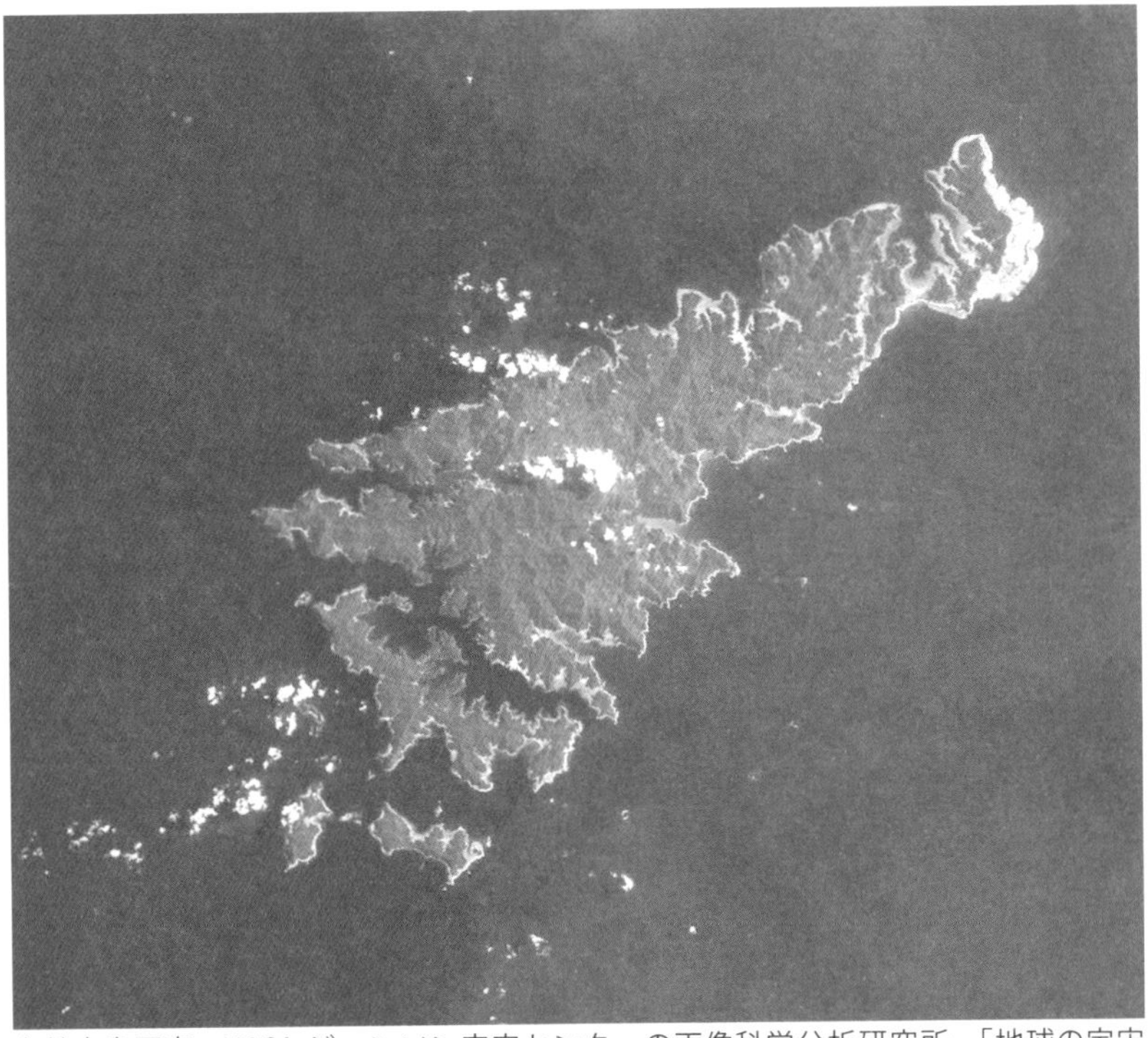

奄美大島写真：NASA ジョンソン宇宙センターの画像科学分析研究所。「地球の宇宙飛行士への入り口」; - NASA Photo ID : ISS019-E-12520, パブリック・ドイン , https://commons.wikimedia.org/w/index.php?curid=54004648 による

1200円

PROLOGUE 日本のなかの亜熱帯——奄美大島

◎——黒潮の通り道、温暖湿潤な気候の群島

九州南端の鹿児島県——鹿児島市と沖縄本島のちょうど真ん中の群島。

8つの島から成る奄美群島（人口は約12万人）の主要な島、人口約6万人の奄美大島。面積は約712㎢（東京23区くらい）、年間の平均気温は20度。

意外な驚きは日照時間——。

年間2366時間で全国1位の埼玉県、最下位（47位）の秋田県は、1647時間。

ところが奄美大島の年間日照時間は、何と1330時間——最下位よりさらに短。

そこから起こる温暖湿潤な気候により、豊かな森と独

自の生態系が育まれた島。

◎——奄美大島への行き方は、飛行機かフェリー

本州・九州とをつなぐ直行便が、羽田空港、成田空港、伊丹空港、関西国際空港、福岡空港、鹿児島空港からあります。

フェリーは、鹿児島新港と那覇港の間を運航しており、奄美大島は中心市街地の「名瀬港」に寄港します。鹿児島新港から奄美大島・名瀬港までは夕方18時に出航し、翌早朝に到着、那覇港からは朝7時に出航し、名瀬港にはその日の夜21時ごろ、いずれも12〜14時間の船旅となります。

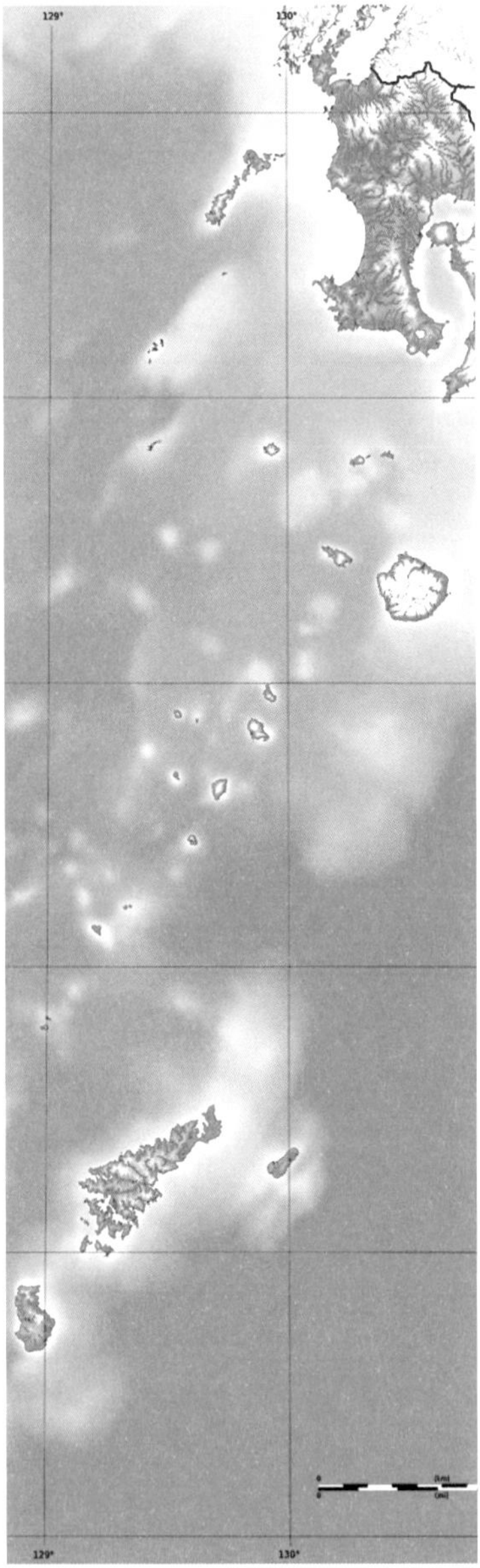

地図出典：Flappiefh - 投稿者自身による著作物 Sources of data:NASA Shuttle Radar Topography Mission (SRTM3 v.2) (public domain) ;OpenStreetMap.org ;Japan GSI., CC 表示 - 継承 4.0, https://commons.wikimedia.org/w/index.php?curid=52480582 による

日本列島近海の海流 1. 黒潮 2. 黒潮続流 3. 黒潮再循環流 4. 対馬暖流 5. 津軽暖流 6. 宗谷暖流 7. 親潮（千島海流）8. リマン寒流

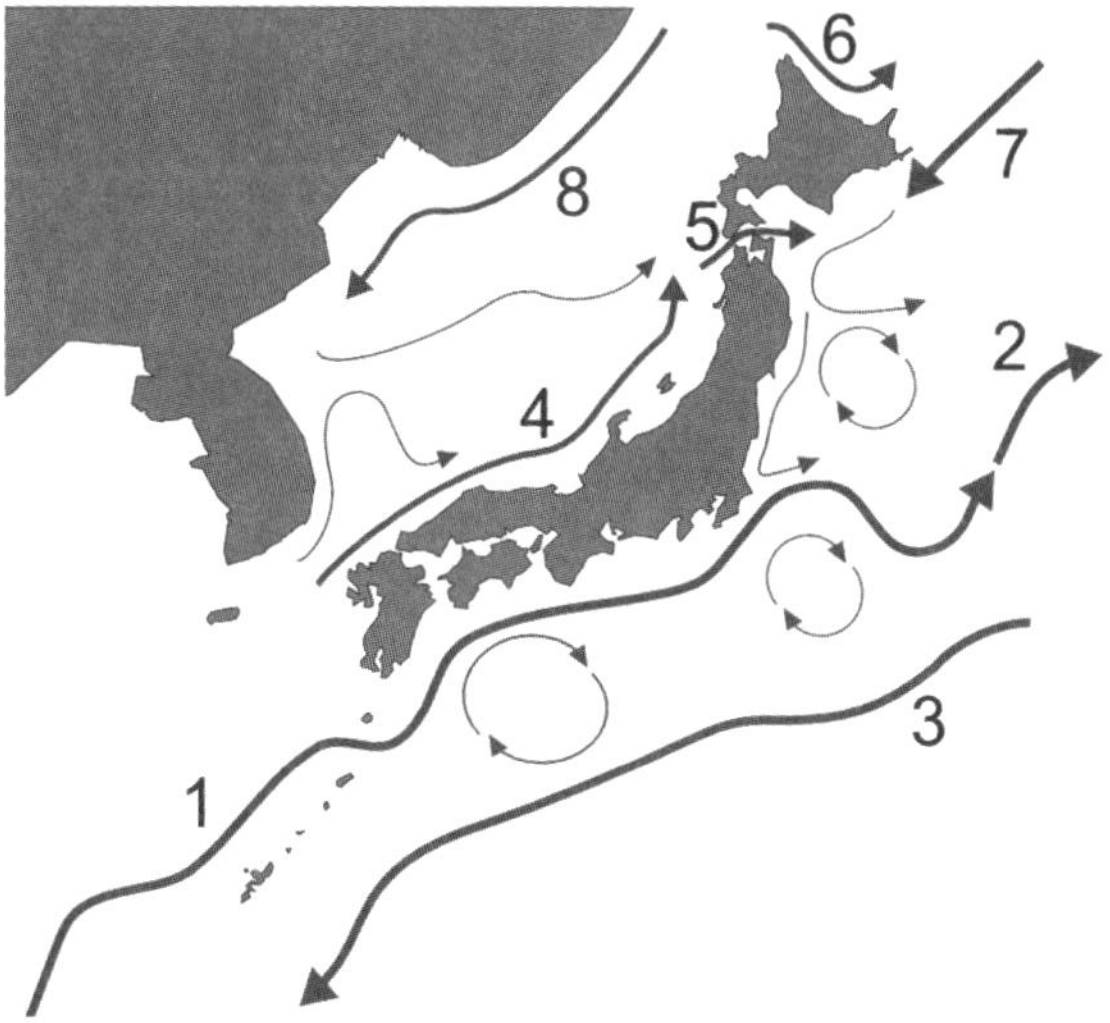

地図出典：Tosaka, CC 表示 3.0, https://commons.wikimedia.org/w/index.php?curid=4265173 による

地図出典：Original created by ja:User:Lincun, modified by User:Pekachu. - Original map is File:Amami in Kagoshima Prefecture Ja.svg, CC 表示 - 継承 3.0, https://commons.wikimedia.org/w/index.php?curid=42605868 による：この色分け地図に市町村名を追加。

Chapter 1 奄美大島――2回も植民地になった島

◎――旅のテーマは「セレンディピティを楽しむこと」と「巡礼と鎮魂」

2023年5月19日（金）、奄美大島の旅が始まりました。

旅のテーマは二つ。

一つ目は、「計画は立てないで行き当たりばったりのセレンディピティを楽しむ」こと。

二つ目は、「巡礼と鎮魂」です。

「巡礼」とは宗教宗旨にこだわらない「魂への畏敬」の気持ち。旅のかたちとしては「聖地訪問」です。

「鎮魂」とは御霊に敬意を表す心。なぜ奄美大島で鎮魂なのか。奄美は、いまでこそ亜熱帯の観光地として明るいイメージばかりですが、実は二度にわたって植民地になった過去があります。

◎――江戸時代――薩摩藩に支配され奴隷労働をさせられた

まず江戸時代です。薩摩藩の支配下に置かれ、当時高価な貿易品として珍重されていた黒砂糖を作らされました。

何しろ、それまで米で納めていた税金を黒砂糖で納めるように定めた「換糖上納令」が発令されると、米や野菜を作っていた畑の大半をサトウキビ栽培に転用することになり、自分たちの食べる米すら不自由することになってしまったのです。俗にいう「黒糖地獄」です。奄美全島でのプランテーション化が進み、植民地のようになっていきました。

明治維新の中心となったのは薩摩藩ですが、その経済力を支えたのは奄美のサトウキビから製造した黒砂糖です。薩摩藩は、奄美の古文書や家系図も焼却処分にし、奄美の人たちのアイデンティティを破壊して支配を強化しています。

薩摩藩といえば思い浮かぶのが西郷隆盛。奄美は西郷に学問する機会を与えました。教養のなかった西郷が奄美に流されたとき、することがなかったので『春秋左氏伝』や『資治通鑑』を読んで勉強し、教養を身に付けました。薩摩藩は藩士が勉強ばかりするのを好まない藩で、西郷は藩の方針に従っていた。もし、奄美に流されなかったら、幕末の様相はもっと違ったものになっていたかもしれません。

奄美でひたすら勉強した西郷を、司馬遼太郎は、
「ここに来ることで西郷は教養を身につけた。奄美大島は、西郷にとって、いわば大学だったことになります」（１９８６・７・11に名瀬公民館で行った講演／『週刊朝日２０２２・９・16号』所収）
と述べています。
西郷が明治維新の立役者になれたのに奄美も一役買っているんです。にもかかわらず、島民は奴隷のような扱いを受けました。

◎――昭和時代――第二次大戦後、アメリカに占領統治された

さて二度目の植民地はアメリカ軍によるものです。第二次大戦に敗戦した１９４５年から１９５３年まで奄美はアメリカ軍政府に占領統治されていました。奄美に着任したジョセフ軍政官は、奄美は日本から切り離されて軍政府の管轄下におかれている、この軍政府は決して民主政治だと解してはならない、と釘を刺しています。

奄美の人たちの日本復帰への思いは強く、１９５１年には「奄美大島日本復帰協議会」が発足し、署名運動や電報陳情、さらには断食祈願まで行われました。このような島民の行動が世界に報道されて、世論を喚起し、奄美大島の本土復帰の後押しをしました。

念願の本土復帰は1953年8月8日です。

いまは南国の明るいイメージが先行し、島の人たちも人懐こくて陽気に見えますが、時代を少し遡れば、苦労が絶えなかった歴史が見えてきます。無念のお気持ちで亡くなられた方、犠牲として亡くなられた方の御霊がお祀りされたところをお訪ねして、鎮魂の祈りを捧げ、礎になってくださったお礼を申し上げるのです。

Chapter 2 羽田航空神社で旅の安全祈願

◎――始まりはお参りから「羽田航空神社」にお参り

ということで、羽田空港に集合した一行8人がまず向かったのは、「羽田航空神社」です。第1旅客ターミナルの少し奥まったところにある神社で、御祭神は「航空殉職者6367柱と航空功労者」。航空界発展の礎となられた方々の御霊がお祀りされています。その方たちに、私たちが空の旅ができることのお礼を申し上げ、旅の安全をお願いして、私たちの旅は始まりました。

旅は、鎮魂から始まったのです。

羽田航空神社は年に一度の例大祭の真っ最中でした

航空神社のこの写真だけ見ると、何だか味気ない事務所みたいですが、ガラス戸の右側

に宮司の方がいます。そして、椅子にかけて祈願を受けている方が見えます。

そう、実は私たちがお参りに行ったときは、神社は年に一度の例大祭の真っ最中だったのです。例大祭ですから、お祓いを受けているのは恐らく羽田空港で重要な任務にいそしんでいる方々に違いありません。皆、低頭して、祈りを捧げています。

「御自由に御参拝下さい」とガラス戸に書かれているように、いつもはこの扉はオープンです。正面に祭壇が鎮座し、その前に対の榊が供えられ、それに加えて、お参りした方がお供えしたお酒やお菓子が並んでいます。

私たちは外からお参りさせていただきました。中でお参りしても外側からお参りしても、お守りいただく力に変わりがないことは言うまでもありません。

◎――梅雨入りしたのに、奄美は晴れていた!!

奄美空港へは2時間20分。飛行機はよく揺れます。

「飛行機は揺れておりますが、安全性はまったく問題ありません」という親切な機内放送が何度かあり、飲み物のサービスを受けているうちに奄美空港に到着しました。

お参りのご利益か、奄美は雨が降っていませんでした。天気予報は「梅雨入り」だったんです。でも現地は薄曇り。ちょうどいい旅日和です。ちなみに3日間の旅の間、ほとんど雨にあいませんでした。

「奄美は1年のうちの300日が雨なんだよ」と言われるほど、雨の多い地域です。

1年のうちの300日とは、大げさですが、そう言われるほど奄美は降雨量の多い島。

梅雨時の旅で毎日晴れなんて、まれなこと。祝福されているみたいでした。

奄美空港。晴れてて「万歳！」

空港のロビーには島バスの案内図「無人の島バス案内所」（笑）が……

さて、ここで旅に出た8人について紹介しておきます。

といっても、キャプテンを除いた7人は、実は初対面なんです。

キャプテンが「奄美に行きたい人、いる？」と声をかけて、手をあげた人が集まったんですね。ちょっと奇妙な旅ですけど、そんな奇妙な旅を仕掛けるのが、キャプテンの趣味なんです。3日間の旅を通して、まったく見知らぬ8人（正確には7人）が、どんなふうに変化するのか、どんな関係が出来上がっていくのか。実験みたいです。

ただ困ったのは、初対面のときです。

羽田空港で待ち合わせたのですが、お互いがお互いを知らないので、キャプテンが来るまではどの人が一緒に旅する人なのかわからない。

何となく頼りなげに、所在なさげに立っている7人がいた……という感じです。

飛行機での席はバラバラだったので、自己紹介もできないまま、奄美空港に着きました。そして、とりあえず、みんなで並んで記念撮影。写してくれたのはキャプテンです。だからキャプテンはこの写真に写っていません。

そういうわけで、楽しそうですが、何となくお互いに距離感があるのが、写真から感じられるでしょうか？　この戸惑った雰囲気が、旅の最後にどんなふうに変わっているのか、読者の方も観察してくださいね。

◎——奄美には電車はありません

奄美大島には電車はありません。

公共交通機関としてあるのは、バスだけ。飛行機が着く時間に合わせて、島バスが待っています。写真の路線図を見ると、観光地は網羅しています。

この島バスの路線図時刻表はおもしろいでしょう。

「無人の島バス案内所」と書いてあるんです。掲示しているだけのものに「無人の」と入れてしまう。いいかげんというか、緩いというか、笑えてしまいます。

奄美は車社会です。観光客が自由に、効率よく観光したいと思ったら、「足」は、レンタカーかタクシーになります。

空港のそばに「コーストランドレンタカー」があります。ここはアメ車がそろっていて、日本車でも大きい車が多い。グループ旅行が大半のためでしょう。

◎——タクシーは「観光タクシー」として使うのがオススメ

タクシーも待っています。私たちが着いた日は、空港を出ると、すぐのところに3台、待っていました。

タクシーは、「観光タクシー」として貸し切りで使うのがオススメです。1時間5000円（2023年6月現在）。何人乗っても料金は同じですから、グループで動くときはけっこう便利です。

なぜって、ドライバーが観光案内をしてくれるんです。

「おもしろいとこ、ありますか」とか、「オススメは?」とか聞くと、いろいろ教えてくれます。

島のことをよく勉強しているドライバーに行き当たるとラッキーです。

「サーフィンに最適な海岸は○○ですよ」とか、「その海岸には○○と△△いう芸能人がよく来ていて、○○はオープンだけど、△△はすごく顔を隠すんですよ。奄美の人は芸能人にあんまり関心がないのにね」なんて話してくれるドライバーもいます。

ただ、気をつけなきゃいけないのは、タクシーは、各会社の保有台数が少なくて、土日の観光シーズンには満車になっていることです。

コロナで観光客が激減したため、タクシー会社がつぶれてしまって、あるいは営業をやめてしまったために、こんなことになっています。「コロナのときは閑古鳥が鳴いてたよ」と、あるドライバーは自嘲的に言っていました。奄美にはルリカケスとかアカショウビンといった珍しい鳥がたくさんいるので、「閑古鳥」は、それにかけているんです。

いまは、観光客が戻りつつあります。タクシーの予約ができなくて「飛行機に間に合わない!!」なんてことにならないよう、予約は早めが安心です。

また、ドライバーには、得意エリアと不得意エリアがあるということを覚えておくのも、楽しい旅をするコツです。

奄美は集落（「シマ」と呼びます）ごとに孤立しているという地形です。いまは道路が整備されていますが、昔は、「シマ」から「シマ」に行くのに船を使わなくてはなりませんでした。

そんな歴史が長かったので、自分の「シマ」のことはよく知っているけど、別の「シマ」は常識的なことしか知らない。そんなドライバーもいます。タクシー会社に「〇〇に詳しい人、お願いします」と頼んでみるといいでしょう。

◎――レンタカーはアメ車を3台

というわけで、私たちはレンタカーを選択しました。

8人だからマイクロバスでも借りるのかと思いきや、キャプテンが決めたのはアメリカ車3台。オープンのマスタング2台と、軍用ジープをベースにデザインしたハマーです。

なかなかアメ車に乗る機会はありませんから「左ハンドルの外車を体験したい!!」と

ジャンケンでドライバーを決めたり、手続きをしている間に、女性陣は併設されている奄美民芸品の店「和野商店」でお買い物。

縁起のいい紅白のマスタングです

奄美大島特産「大島紬」の小切れをあしらった髪飾りやピアス、デニムのキャップ、形の似た石を組み合わせたピアス、クバの葉の団扇などなど、奄美色が満載。奄美名物ハブの皮を張った奄美三味線もありました。

旅の荷物はできるだけ少なくしたいので、帰りに寄ろうかと思い「日曜日はやってますよね」と尋ねると、意外や日曜日は休みだと言います。

ありきたりな土産物屋にはない「奄美のコアな商品」が並んでいる店だから、買い物したい人がいっぱい来るだろうに、この商売ッ気のなさ。

「日曜日にお休みなんてめずらしいですね」

「シマ（集落）の踊り大会の日だからね。お

和野商店の手作りアクセサリー。奄美色満載

奄美の海の貝とアクセサリー

クバの葉で作った団扇（黄色の丸カコミ）や大島紬の糸で作ったピアス（赤色の丸カコミ）

奄美三味線。売り物です

店を閉めて行くのよ。コロナで何年か、踊り大会ができなかったから、今回はどうしても行きたいの」

という返事。

奄美は踊りがシマの人たちを結び付ける役割をはたしています。

「お店より集落の踊り大会が大事。店、閉めて、行くよ！
楽しみにしてたんだ」と和野商店のお姉さん

そして、仕事よりも集落の行事最優先——こんなシーンに旅のあちこちで出会いました。

これが奄美の特徴です。

何より近所つきあいを大切にし、人々のつながりが強い。シマ（集落）内の結束が堅い。その団結力で、二度の植民地時代を乗り切ってきたんだと納得しました。

Chapter 3 奄美の自然——手広海岸はサーファー聖地

◎——干潮時には川が現れるドラマチックな海岸

交通量の少ない快適な道路を走っていると、不思議な海岸が見えてきました。

なんと、海岸に幾筋もの川が流れ、海に流れ込んでいます。

手広海岸です。

よい波が来ることで知られるサーファーたちの人気スポットで、プロサーファーの国際大会が開かれたこともあるそうです。この海岸でサーフィンをするためにやってくる有名芸能人もいるとか。この日も、もう夕方が近いというのに、海岸には車がズラリと並んでいました。

「川が見えるのは干潮のときだけだからね。満潮になると川は消える。ギリギリ間に合ったよ。あっという間に満潮になるから、いまのうちに海に入ろう!!」

キャプテンは、戸惑うみんなを焚き付け「さあ、この瞬間を楽しむんだ!!」と、靴を脱いで海に入れと勧めます。奄美に初めて来たという人が大半なので、一瞬、躊躇があ

干潮のときだけ川が現れる手広海岸

りましたが、キャプテンが率先して遊びだしたものだから、それではと、全員、運動靴と靴下を脱ぎ捨てて、ズボンをたくし上げると、「束の間の川」と遠浅の海にじゃぶじゃぶ。

「いまの気分を漢字一字で表現してみよう」

コーディネータのTさんは「楽」と描きました

海岸には案内板が。「サーファーの聖地」です。ハートロックは右上の丸カコミ

キャプテンが提案しました。瞬間的に3人が書きました。

「楽」

「天」

「早」

やっぱり東京から来て、海に入ったら、こんな気分なんでしょうか。

とくに「天」と書いて、鳥のように

「天」と描いて鳥の羽ばたきをまねるＩさん

「早」と描いて指さすＹさん。どういう意味だろう

飛ぶポーズを取ったIさんは、パーッと開放された気分だったのかな。

手広海岸は、ハートの形に海水が溜まる岩「ハートロック」でも知られています。これも干潮時しか見られません。残念ながら、この日はすでに満潮で海のなかでした。

◎——「あああ、ハートロックは海のなかだ‼」

メンバーの一人、石マニアのFさんは、浜辺に着いてすぐに、立て看板の地図をじっくり見ていました。ちょっと離れたところにあるハートロックに「ここにおもしろい石がある」と注目。絶対行きたいと思っていたみたいです。

ハートロックが見られなくて、がっかり。

「あああああ、残念〜」と、ため息をついています。

ハートロックというのは、地図に赤丸を付けておきましたが、岩にハート型の穴ができていて、海の水が溜まるとハート型がくっきりと見える。奄美の海はミルク色と緑色が混ざったような色を見せることがあって、そのときのハートロックはとてもロマンチック。恋がかないそうな予感がします。

もともとはサーファーが見つけたもので、それを地元が名所のひとつにしたらしいです。「ハート↓恋↓かなう」という連想が人気を呼んだのでしょうか。

Fさんの場合は、純粋に石のおもしろさに対する興味ですけど。

さて、Fさんの嘆きを目ざとく聞きつけたキャプテンが「帰りに寄ろう。空港への通り道だから」と請け負いました。

コーディネータのTさんが、いつも手放さないスマホで、さっそく干潮時間を確認。

「うん、大丈夫でしょう。寄れますよ」

と言うと、Fさんはガッツポーズでした。

ひとしきり遊び、濡れた足についた砂を払いきれないまま、靴に足を突っ込んで向かったのは、洗礼を体験できる教会です。

Chapter 4 奄美の教会はフレンドリー

◎——奄美はスピリチュアルな島

奄美大島には教会がたくさんあります。車で街を走っていると、壁に白いマリア像が埋め込まれた教会や、十字架マークによく出会います。

奄美大島に教会が入ってきたのは、二つの時期です。

ひとつは、言うまでもなく、アメリカに占領された1952年以降です。キリスト教は、慈善活動の一環として、戦後の荒廃した奄美に乳幼児院や障害児のための施設を開きました。

もう一つの時期は、それより前の幕末です。キリスト教の布教が熱心に行われ、奄美大島と加計呂麻島に合計34か所もの教会が建てられています。

幕末はまだ、徳川幕府はキリスト教を禁止していました。キリスト教の布教が認められたのは明治6年ごろ。「キリスト教禁制」という高札がようやく撤廃されました。

にもかかわらず、なぜそれ以前の幕末に、奄美大島では教会が建てられたのか。不思議に思いますが、薩摩藩は奄美大島での黒砂糖製造を幕府に隠していましたから、そんなこともできたのかもしれません。奄美大島にはもともと神を敬う文化があり、スピリチュアルな雰囲気が色濃く漂っています。キリスト教も、そのひとつとして抵抗なく受け入れて、島の文化に融合させて、新たな「奄美キリスト教」を定着させたのでしょう。

島のタクシー会社の一つ「大島タクシー」は、自社のホームページに、観光地として「カトリック名瀬聖心教会」を掲載しています。教会の建物が、鹿児島県「第5回かごしま・人・まち・デザイン賞」の都市デザイン部門の大賞を受賞したためでしょう。島の人々にとって、教会の敷居は低いのです。

東京からやって来た私たちは、教会に行くというと身構えしまいますが、奄美では感覚が全然違う。軽いんですね。

◎――教会で「身代わり洗礼」を体験

さて、「巡礼」でお訪ねしたのは、「身代わり洗礼」という洗礼が体験できる教会でした。

でも、キリスト教徒でもない私たちが、いきなり洗礼を受けるなんて、変ですよね。

家の宗教がキリスト教で、生まれて何か月かしたら洗礼を受けるとか、考えに考えてキリスト教徒になる決意をしたというのが一般的です。

牧師様のお話によると、天国に籍（地上での国籍のようなもの）を持つのが身代わり洗礼の目的だそうです。

「私たちはいつ死ぬかわかりません、今日死ぬかもしれません。ですからこの瞬間の出会いを大切に身代わり洗礼を受けてください。天国に自分の籍をつくっておくことが大切です」

受洗する人の宗旨は問わないようです（後で聞いたことですが、メンバーの中には神職の資格を持っている人がいて、ちょっと葛藤があったみたいです）。

牧師様の朴訥な話し方に引かれて、洗礼を受けてみました。

なかなかスリリングな体験です。（ちょっと不謹慎でしょうか？）

まず、洗礼用の衣服に着替え、水を張った大きな浴槽に入ります。牧師様が水のなかで待ち受けていて、頭から水のなかにドボンとつけ込みます。それを三回繰り返します。

これはちょっとショッキング体験です。

その後は「洗足式」です。牧師様が私たちの足を洗ってくれるのです。

イエス・キリストが最後の晩餐のときに弟子たちの足を洗ったと、「ヨハネによる福音書」に書かれています。当時は、主人の足を洗うのは奴隷の仕事でした。それをイエス

車窓から見えた教会をパチリ

が弟子たちに対して行いました。そこに深い意味があります。

ネットで「洗足」を検索すると、アルメニア使徒教会やウェールズ教会の洗足儀式の写真を見ることができます。

それと同じことを、牧師様が、洗礼を受けた人たちに対してやってくれます。不思議な気分でした。

洗礼の様子はすべて、牧師様の奥様（この方も牧師です）によってスマホで撮影されていました。あらかじめ説明がなかったので、ちょっと驚きました。

◎——宗教体験は言語化できない

洗礼後に、牧師様の説教をお聞きし、質疑応答しました。

この身代わり洗礼の特徴は、亡くなった方のために、自分が洗礼を受けることができるという点です。亡くなった両親や大切な人のために、自分が洗礼を受けることで「天国にその人の籍をつくる」ことができる。「身代わり」とは、そういう意味です。

「私たちはいつ死ぬかわかりません」と牧師様

教会のお手伝いをしているBさん。ラーメン屋を経営しています

さらに、同じ人が何度も受洗することができます。

「この洗礼は祖母のために」

「この洗礼は曾祖母のために」

と、「天国の籍」をプレゼントできる。仏教的な言い方をすると供養ということになるでしょうか。

キリスト教は個人個人が神様とつながる宗教だというイメージがあります。先祖供養としての身代わり洗礼というのは、違和感がありました。

その点について牧師様におききしますと、「それはできるのだということが聖書に書かれています」というお答えでした。「先祖」という表現ではなく、「死者」という表現で、書かれているのだそうです。確かに先祖は死者ですから、身代わり洗礼によって天国に籍ができるのは福音だと、漠然ではありますが納得できました。

同時に、宗教というのは理詰めで考えるものではないということも痛感しました。「魂」が正確に言語化できないように、宗教のいちばん核となる部分も言語化できないものです。ただ、感じるだけです。

質疑応答が終わると、

「私たちは兄弟姉妹になりました。これからは○○兄弟とお呼びします」

と、おっしゃいました。

すがすがしいお言葉でした。

◎——ノロ神様とユタ神様

キリスト教について書きましたから、やはりここでは、奄美と沖縄に独特のノロ神様とユタ神様について、ちょっと触れておきます。この旅でも、けっこう耳にすることがあったんです。

まず、ノロとユタの違いですが、ノロとは国家の祭祀を行う存在で、国家安寧や農耕について祈ります。代々世襲で、女性しか受け継ぐことができません。

ユタは民間人で、個人に対して祈りや相談を行います。気軽に訪ねられるカウンセラーのようなもので、また占い師でもあります。霊界との交信を行うことができるのが重要な能力です。ユタは女性だけでなく男性もいますが、圧倒的に女性が多いです。

「目に見えない世界」を扱うので、能力の判定は難しいですが、「何となく背中を押してもらいたいとき」に訪ねるのがいいんじゃないかなと思います。

この旅で耳にした話をちょっと紹介しますね。

これはタクシードライバーに聞いた話。ご本人の体験談です。思い出しながら、話しているような口調で書いてみます。

「そのとき、屋根の修理をするために梯子に上って作業していたわけよ。大した修理じゃないから、梯子もそんなにしっかり立ててなかったんだと思う。そしたら、梯子が倒れて、バーンと地面に落ちた。まさかの出来事。足首を捻挫して、そこがみるみるうちに腫れてきた。歩けないから、けんけんして、近くに住んでいたユタの家に行ったのよ」

ドライバーは、「こんな感じね」と、けんけんの動作をしながら話を続けました。

「ユタ神様は、たらいに湯を沸かして、ここに足をつけるようにって言ったので、言われたとおりにすると……治ったんだよね。腫れがどんどん引いて」

それで、両足で歩いて家まで帰れたそうです。

タクシードライバーは目をまんまるく見開いて、「治ったんだよ」と話してくれました。ちょうどそのとき、約束していたお客さんが来たので、話はそこで終わったのですが。ユタの力なのか、湯で温めるという治療が効いたのか。判断は人それぞれでしょう。

◎――目をぎゅっと閉じると、答えが見えてくる

もうひとつ、ユタご本人から聞いた話をご紹介します。その方は名瀬に住むAさんという女性のユタです。Aユタ神様ですね。会話調で再現します。

――依頼者が尋ねることに対してのお答えは、どのようにして、わかるのですか。何か、言葉が降りてくるとか、そんな感じですか。

「こうしてギュッと目をつむると、すーっと見えてくるんです。ぎゅっーとつむるんです」

と、目の周りに皺をよせるようにして、ぎゅっと強く目をつむって見せてくれました。

「そうすると、目の奥のほうに像が現れます。それを、来ている方にお伝えして、尋ねます。『玄関に何か四角いものが置かれていませんか』とかですね。それが災いをなしていることがあったりします。汚れているとか、玄関に置くべきでないものだったり」

――風水みたいなものでしょうか。

「わからないです。私は見えるものをお伝えしているだけなので」

Aユタ神様は真面目な方で、ユタになる決意を固めるまでの苦労も半端なものではありません。

6人子どもがいて、子育てをしているときに、正体不明、原因不明の病気にかかって入院したそうです。6人の子育てを夫が一手に引き受けたものの、会社に行かなくてはなりません。助けてくれたのは隣に住む若奥さんでした。

「その人は子どもができなかったんです。それで、私の二歳の子と三歳の子をみてくれました。ほかの子は小学校に行きましたし、主人は働きに出ましたから、家には誰もいない。二人でお留守番です。『時計の針が重なったら昼ご飯を食べるんだよ』と言って、主人が昼ごはんを用意して出かけました」

……。

そんな苦労話でした。

なぜ、そんな苦労をしなくてはならなかったのでしょう――。

◎――ユタのところに持っていくもの――塩とお酒

奄美にはユタ神様が何人もいて、いまでも多くの信奉者を集めています。その一方で、「ぜんぜん興味がない」という人もいます。

たまたま立ち寄ったお土産物屋さんで、従業員の方に尋ねたところ、「うちのお母さんは何かというとユタのところに聞きに行くけど、私は興味ない」という方もいました。

興味がある読者の方のために、ユタのところに持っていくものと、代金を書いておきます。

※持っていくもの

お酒と塩。お酒は焼酎が多いようですが、日本酒でもいいです。小瓶で大丈夫。塩は、海の水で作った塩。これも小さいのでいいです。塩は、あらかじめ「持って帰りたい」とお願いしておくと、祈祷が終わったら、ユタが、塩の口を開けて、「フッフッ」と、パワーを入れてくれます。

お清めとして効果があるので、玄関口の盛り塩にしたり、外出から帰って一つまみ取って洋服なんかに振りかけて不浄を祓うのに使います。

マーケットで売られているユタ神様セット

※料金

島内の人は3000円、外から来た人は5000円が相場です。のし袋に入れて渡します。

ただ、ユタの答えは絶対ではないので、あくまで自分の決断に対して「背中を一押ししてほしい」ときに行ってください。

奄美の人たちも、絶対と思っているわけではなくて、自分の判断の確認のために使っています。

いわば奄美の文化的背景のなかで機能している職種です。超能力とか、そういうものではありません。東京なんかから来る人は大げさに考えがちですが、「土着的カウンセラー」の一種だくらいの感覚がいいと思います。

ちなみに、私が注目しているのは、ユタ自身ではなく、ユタという存在がご近所にいて、何となく訪ねていって相談する奄美という社会の構造です。

それと、奄美の持つ「人間どうしのつながりの強固さ」が、関係があるような気がするんですね。それは、この小さな旅日記のテーマでもあります。

それで、話の筋が逸れまくったのですが、ユタについての現地の声を拾ってご紹介したんです。

Chapter 5　居酒屋でシマ唄ライブを堪能

◎――直会《なおらい》はシマ唄居酒屋

では、話を洗礼後に戻します。

洗礼後の直会は、なんとシマ唄居酒屋。シマ唄歌手・Sさんのライブが夜8時から始まります。

旅のコーディネータを務めてくれているTさんが「どうしても聴かせたいんだから、早く早く」とせかします。

奄美三味線弾き語りのシマ唄が聴けるまたとない機会とあって、大急ぎで居酒屋へと急行しました。

奄美のシマ唄といえば、元ちとせが有名ですね。

生活に密着した唄で、労働の厳しさを唄ったり、教訓や恋愛、社会風刺などがテーマ。地味で、お説教くさくて、どちらかというと悲しいメロディ。悲恋を唄っている曲もあります。

そんな暗いバイブレーションが現代的でないこともあって継承が危ぶまれている一方で、シマ唄教室が地元の公民館なんかで開催されて、小学生が奄美三味線やシマ唄を習うようになっています。小学生に奄美三味線を教える教室もあります。

奄美三味線は、30万円とか高いものもありますが、3万円くらいで買えるものもあります。ヘビ柄で、洒落ていて、持ち運びもできるので、ロックの打楽器的使い方もできそうです。

こうした機運が高まったのは、ひとえにシマ唄が消えてしまうのではないかと心配した人たちの努力のたまもの。公民館が整備され始めたのと並行してシマ唄教室もできていきました。

名瀬市の中央公民館に「島唄学級」が開設されたのは1971年4月で、南海日日新聞が記事にしています。若い人たちが習いたがっていて定期的に学べる場を作ってほしいという声をくみ上げたものだということです。

なんとシマ唄について書かれた論文もあるんですよ。「奄美大島の公民館における島唄教室開設の過程」というカタイ題目で、書いた人は杉浦ちなみさん。『東京大学大学院教育学研究科紀要』(第59巻、2019)に掲載されています。

その日のシマ唄歌手は、そんな地域の努力のなかで育った代表選手でした。

茶髪にTシャツのシマ唄歌手・Sさん（右）から奄美三味線の手ほどきを受ける

シマ唄と奄美三味線の組み合わせですから、Sさんはてっきり年配の着物姿の方かと思いきや、アイドルのようなイケメンがTシャツ姿で登場したんです。

高いのに太さを感じさせる声で、奄美のシマ唄は裏声を使うのが特徴だと話してくれました。

「奄美のシマ唄は、どこのシマ唄とも違うんです。シマ唄はふつう裏声はつかいません。裏声はごまかしの声だという。でも奄美だけは裏声をつかいます。裏声をつかうと哀愁が表現できるので。沖縄のシマ唄は太陽、奄美のシマ唄と月だと言われることもあります。同じシマ唄でも、それだけ雰囲気が違うんです」

エキゾチックな顔立ちの現代的イケメンと、古代から受け継がれてきた泥臭いシマ唄のミスマッチが、新しいシマ唄の流れを感じさせます。

「シマ唄は節回しが難しくて、私はまだまだです」

と謙遜しますが、Sさんの活躍の場は島内だけではありません。日本のあちこちからお呼びがかかって全国を巡っています。居酒屋だけでなくカフェで歌うこともあるとか。

「シマ唄の名人は『唄者《うたしゃ》』と呼ばれます。唄者は単に唄がうまい人というだけでなく、シマ唄をよく理解して、指導もできる人のことです。その上に『声者《くいしゃ》』と呼ばれる大名人がいます。とても無理ですが、目指してはいます」

と言うSさんは、新しいシマ唄を全国に届ける「覇者」になるかもしれません。

誘われて太鼓で参加するＩさんとＦさん。「太鼓を叩きながら合いの手を入れるのはムズカシイ」とか

◎──店のみんなを巻き込んで太鼓や踊りが始まった

何曲か唄ってくれたあと、「太鼓、叩いてくれる方、お願いします」と客の参加を求め、「奄美三味線、弾いてみませんか」と巻き込み、「踊りましょう」と踊りの振りをやってみせます。

すると、お店の女将らしき女性が、前掛けを付けたまま、お客の前に立って、振りのお手本を何度もやってみせてくれました。「先生」みたいな感じです。

振りはとても単純なのですが、「次はどうだったかな」と流れを忘れてしまうので、ずっとお手本が前にいてくれるのは、ありがたかったです。

Sさんがみんなを踊りへといざなったあとの展開が、いかにも奄美らしい。

Sさんの誘いで最初に踊り始めたのは髪の長い年配のおばさまです。にこにこしながら、教えるように丁寧な振りで踊ります。これはまあ、普通ですね。女性は参加に躊躇はないですから。

奄美らしいのは、次のシーンです。

恰幅のいいおじさまが席を立って踊りだしたのです。それが呼び水になったのか、その次はほっそりしたおじさまが大きな振りで踊り始めました。手を揺らし腰を振って、まるでロックの踊り方。次々におじさまが立って、踊りの輪に入ります。

これが奄美の特徴。

一緒に来ていた若い女性たちは見守るだけです。

私たち8人も、負けじと踊りの輪に入りました。

シマの人たちの手の動きの柔らかさに比べて、私たちはカチカチ。体の動きもロボットみたいにギクシャクしていて滑稽です。へたくそでも、楽しい気持ちはシマの人たちと同じです。奄美三味線がベンベンベンと後押ししてくれて「なんでも体験」という旅のテーマをクリアしました。

Chapter 6 国立療養所で鎮魂の祈りを捧げる

◎──「国立療養所　奄美和光園」を訪問

5月20日（土）──。

ホテルのロビーに9時集合。向かったのは花屋さんです。百合の花を中心とした大きな花束を二つお願いしました。今日の最初の訪問先は、国立療養所「奄美和光園」。鹿児島県で二つ目の国立療養所です。療養所は全国に13施設あり、奄美和光園は現在（2023年4月現在）、最も入所者が少なく、13人の方が生活しています。全員が奄美の出身者で、平均年齢は87歳。

ハンセン病は現在では治る病気で、感染力も弱いし、後遺症も残りません。かつてはひどい差別を受けていて、奄美ではアメリカ占領下にあったとき、アメリカの命令で、絶対患者を外に出さないようにと療養所の周囲に柵が巡らされていました。

私たちが祈りを捧げたのは納骨堂です。ここに療養所で暮らした方々が眠っています。キャプテンが般若心経をお唱えし、他のメンバーは合掌して、無念の隔離生活を強要された方たちの心中に思いをはせ、冥福を祈りました。

その後、１３０メートルほど離れたところにある旧納骨堂にお参りするために、山道を登って行きました。雨の多い奄美は、その分、湿気も高く、風も通らず陽の光も射さない細い山道は濡れそぼっています。樹々は光を求めてくねるように枝を伸ばし、柵を超えて道まで侵食してきています。旧納骨堂に向かっていると「霊安解剖棟跡」と彫られた黒御影石の石碑に行き合いました。遺体は併設されていた火葬場で荼毘に付されたのか、黒御影石に「火葬場跡」と彫られた石碑も祀られていました。

納骨堂に花束を手向けてお祈りしました

旧納骨堂は 130 メートル先という案内標識。この納骨堂ができるまでお骨は落ち着く場所がありませんでした

霊安解剖棟跡と案内板

火葬場跡と案内板

和光園の庭園の借景は緑織りなす山である

原っぱには夥しい蝶が飛び交っていた

渓谷沿いに流れる川の向こうに旧納骨堂が見える

旧納骨堂はそれ自体が墓石のような形だった

◎――実は実態はぜんぜん違う――もちろん園によるが

こんなふうに和光園の周囲の石碑を訪ねながらルポしますと、いかにも悲惨な印象を受けるのですが、どうも園の雰囲気は違うのです。明るくて開放的です。自然も南国の明るさに満ちています。

政治的に「作られた悲惨」なのではないか。そんな疑念が浮かんできます。

その日はそれで終わったのですが、機会があったら再取材したいと思い続けていました。

チャンスは1カ月後に訪れました。腰を上げるきっかけとなったのは、ひとつの新聞記事です。(時間が前後しますが、以下は1カ月後のことです)。

2023年6月19日付けの南海日日新聞の一面に、市役所で和光園についての展示をしているという記事が掲載されていたのです。「ハンセン病の歴史たどる　啓発パネル展」と題された記事です。

「これは行かねば」と、奄美市役所に直行。市役所の3階に設けられた展示を見に行きました。

(9) 社会 2023年(令和5年) 6月19日 月曜日

ハンセン病の歴史たどる

啓発パネル展24日まで

奄美市役所

「ハンセン病問題を正しく理解する週間」が18日、県下で始まった。奄美市名瀬の市役所3階ロビーでは、ハンセン病問題の歴史や奄美和光園の変遷をたどる資料、県内療養所の入所者が制作したアート作品などが並ぶ「啓発パネル展」が開かれている。24日まで。

県は、2009年度から厚生労働省が「らい予防法による被害者の名誉回復および追悼の日」と定めた6月22日を含む一週間を「ハンセン病問題を正しく理解する週間」としている。同展は、ハンセン病問題に対する正しい知識の普及、社会的差別や偏見の解消に向けた取り組みの一環。奄美市と共催で実施している。

会場では、ハンセン病の基礎知識をはじめ、1931（昭和6）年の「癩《らい》予防法」改正に伴う強制隔離や96年（平成8）年の同法廃止後も残る差別や偏見の実態など、パネルで分かりやすく解説。また、奄美和光園の現在の取り組みや入所者の思いなども紹介されている。

市健康増進課予防係の赤塚直樹係長（48）は「ハンセン病は誤った知識から法律が制定され、患者の強制隔離、差別や偏見を生んできた。同じ過ちを繰り返さないためにも、歴史や事実を正しく知ることが大切。多くの人に問題への理解を深めてほしい」と話す。

「啓発パネル展」は午前8時半から午後5時15分まで。無料。

ハンセン病問題の歴史などに関するパネルが並ぶ

南海日日新聞（2023.6.19、月）から引用

パネルが用意され、テーブルに関係書籍やパンフレットが並べられたささやかなものでしたが、職員の方がその場で待機していて、見ているとすぐにそばに来て説明してくれました。展示の担当者のCさんです。

ざっと説明してくれたあと、「私のじいちゃんもハンセン病で和光園に入所してたんです」と言うではありませんか。オープンなんですね。隠すのが当たり前と思い込んでい

た私は、びっくりしました。

「じいちゃんは盆と正月には家に帰ってきましたよ。私が小学生くらいのときです。よく一緒に相撲を取って遊びました」

と、続けます。

どうして相撲なのか。

奄美は相撲の盛んなところで、各シマ（集落）に土俵があります。相撲の巡業も来島します。相撲を取るのは日常的な遊びなのです。ちょうどその日も立浪部屋の合宿についての記事が掲載されていました。

マスコミの喧伝するハンセン病のイメージから考えると、べったり接触する相撲という遊びをするのには意外感を持ちました。自分もマスコミのイメージにとらわれていたというわけです。

それで、和光園をお訪ねして、応対してくださった福祉課厚生技官のZさんにお目にかかったとき、まずそのお話をしたんです。

「市役所のCさんが、じいちゃんと相撲を取って遊んだっておっしゃってましたよ」

「ああ、相撲ね。よく取りますよ」と、Zさんは笑いながら言って、「奄美の人は相撲が大好きだから」と続けました。

それですっかり打ち解けて、和光園の他の療養所にはない特徴を話してくれました。取材で交わした会話をざっくりと採録します。

――私たちがハンセン病に対して持つイメージは暗いものです。でも、今朝、市役所に「ハンセン病の歴史たどる　啓発パネル展」という展示を見に行って、その説明をしてくれた方が、いきなり「私のじいちゃんがハンセン病で和光園に入所していて……」って言うんです。「病気はとっくに治っているけど、和光園で暮らしていて、盆とか正月には帰ってくる。小学生のとき、よく相撲取って遊んだ」って。

「まあ、それは人それぞれだと思いますけど、隠している人もいればオープンの人もいます」

――相撲を取るっていうのは？

「よく取っています。ここに住んでいた田中一村さんも感染なんて気にしていませんでした。反対に親がここに入所したら縁を切った。そういう人もいます」

――世間では、縁を切ったという人のことばかりが耳に入ってきます。

「そうですね。でも和光園では、子どもができたという実績があります」

――なかで結婚されて？

「そうです。もちろん断種とか堕胎とかもありますけど」

――世間ではそういうほうが多いですよね。

「はい。でも、うちの納骨堂では、お骨は確かに納められているんですけれども、49体しかないんですよ。それも、ほとんど分骨です。他のところでは、何千何百というお骨が全骨で納められています。そこが和光園の特徴です」

――全骨とは遺族の方はお骨は引き取らないということですね。分骨は、お骨は基本的にご家族が引き取っていて、その一部をこちらにも納めているということですね。

「そうです。和光園にいたあかしを残すという感覚だと思います。ご先祖さまといっしょに弔ってあげよう。『結《ゆい》』というのですが、そういう心があるんじゃないかと聞いています」

――他のところではご家族がお骨を引き取らないケースが多いけれども、こちらでは引き取るケースが多いということですが、49体のうち、どのくらいの人が分骨なのですか。

「39体が分骨です」

――ということは、ご家族が引き取らなかったのが10名だけということですね。

「そうですね。だから遺影を残す方もいますし、そうでない人もいます」

――でも、たいていの方が残す。

「そうです」

――ご葬儀はどうなんですか。

「ここで行います。他の園もそうだと思います。たまに外の斎場でされる方もいます。ここですると（入所していたことが）バレてしまうので。でもそういう方はまれで、90数％がここで葬儀をなさいます。親戚全部が参列されるとは限りませんけどね」

――ここで葬儀をするということは、ハンセン病だということがわかってしまうということですね。で、90％以上の方がここで葬儀をされるということは、ハンセン病が知られてしまうことを気にしていないと考えていいんでしょうか。

「はい。昔はこういうところに入ってくるときに、親戚とか家族との縁を切る人も多かった。でも和光園はそうではありません。和光の場合は、そこが違うのです」

――私の予想がひっくり返ってしまいました。

「田中一村さんもここの官舎に住んでおられましたが、そんなこともちっとも思わなかった。そんな人はたくさんいらっしゃったでしょう。もちろん隠していた人もいるでしょう。妹さんがハンセン病でここに入っていて、お兄さんがそれを隠していたというケースも聞いてはいます。ハンセン病は感染力が弱い。菌を持っていても発症しない人が多いと思います。衛生状態が悪かったり、栄養不足だったり、免疫が落ちてしまうと発症する病気。ここで働いていた職員で発症した人は一人もいません。感染力は弱いということです」

――後遺症で容貌が変わってしまうから、それで怖い病気だと恐れられたのでしょうか。

「そうです。業病だとかなんだとか言われて偏見を持たれたのです」

――実はそういうことなんですね。今日はどうもありがとうございました。

確かに、日本画家の田中一村が和光園で暮らしていたとき、「有屋のサロン」と呼ばれる名士たちの集まりが和光園にあったそうです（有屋というのは当時の地名です）。偶然にも優秀な人材が集まって互いに刺激し合っていた。美術評論家の大矢鞆音《おおやともね》は、「その名士たちとの付き合いの中で、田中一村は多くのものを学び取っていったということです」として、一村の淵源は和光園にあると述べています（『創立70周年記念誌』国立療養所奄美和光園、2013年）。

一村については、後半の「田中一村記念美術館」訪問記の章で取り上げます。

Chapter 7　亜熱帯特有のマングローブでカヌー下り

◎──マングローブとは海水と淡水が混じり合う地域に広がる植物群（森）

和光園のある山を下っていきます。1時間ほど行くと、亜熱帯特有の樹々や花々の庭園が広がり、その奥にはマングローブをいただく「黒潮の森マングローブパーク」に到着です。

ここで体験できるのは、両岸にマングローブを見ながらのカヌー河下りです。

マングローブとは、熱帯・亜熱帯の海岸や河口など、海水と淡水が混じり合う地域に広がる植物群（森）の総称です。植物たちは、海水のある環境で生きるために、塩分を処理する特別な能力を持っています。現在のところ110種類くらい。

よく間違われますが、「マングローブ」は、一本の樹の名称ではありません。

マングローブで生息する樹は、葉っぱから塩分を吐き出します。だから葉っぱは塩辛い。緑色から黄色に変色して地面に落ちた葉を拾い、口の中で噛みしめると、じわ～と苦みのある塩味がにじみ出てきます。ぎしぎしと歯で噛んで飲みこむと、海の味がします。

覆いかぶさる樹々。幹から根っこを生やす（気根という）タコノキのそばに「黒潮マングローブパーク」の道路標識が見える

カヌー乗り場入り口

庭園にはタコノキの巨大樹が。みんなで気根にぶらさがってみた。タコノキによく似た樹にアダンがある。タコノキみたいに気根がまっすぐではなく曲がりくねっているので、こんなことはできません。タコノキは仲間になった象徴みたいだ

両岸をマングローブに囲まれた河。ここをカヌーで下っていく

カヌーを操るのは簡単そうに見えますが…

マングローブの樹々は「生きてやるぞ!!」と叫んでいるみたいに力強い

海水にさらされる厳しい環境なので、貪欲に根を延ばしてサバイバル

岩場や流れが急なところはガイドさんがサポート

南洋諸島やアフリカが主たる生息地ですが、日本では沖縄にもあります。北限はここ奄美大島。

さて、マングローブの真ん中を突っ切って流れているのは幅が10メートルくらいの河です。ゆったりと流れているようでいて、ところどころが急流。油断はできません。何しろ海へとつながっていく河ですから。とくに梅雨時は水嵩が増して流れが急になり、パドルを操るのは一苦労です。

◎——一人乗りカヌーで四苦八苦

カヌー下りはスリリングです。

「黒潮の森」のカヌー体験は、船頭の親方が観光案内しながら乗せてくれるのではなく、自分で漕ぐというハードルの高いもの。しかも一人乗り。いったん河に出ると誰にも頼れず自力で漕いで岸まで戻らなくてはなりません。

「マングローブのアマゾン河を一人で漕いで下るんだ～!!」

体育会系のメンバーはノリノリで叫びつつ、目をキラキラさせています。

皆がライフジャケットを装着していると、真っ黒に日焼けしたガイドさんが「これからパドルの使い方を説明します」とレクチャーを始めました。

自分で漕ぐカヌーだけれども、サポートもしてくれる

ようやく船着き場に帰還

「パドルの文字が書かれたほうを自分のほうに向けます。まっすぐ進むときは左右交互に動かしてください。右に行きたいときはパドルの左の櫂を水の中に入れて漕ぎ、左に進みたいときは右側の櫂を河に入れて水をかきます。そうすると行きたいところに行けます」

わずか3分ほどのレクチャーが終わると「では一人一隻で乗ってください」と船着き場へ。

いざ乗ってみると、方向を定めるのが難しい。何隻ものカヌーが入り乱れているので、あちこちで衝突事故（?）が発生しています。そのたびにガイドさんが駆けつけ、ダンゴになった3、4台のカヌーを整理整頓して、行くべき方向に押し出してくれます。

中洲に上陸して一休みしたあとは、流れが急になるからと、ガイドさんがロープで何隻かカヌーをつなぎ、船着き場まで引っ張ってくれました。

このあたりにはこうしたカヌーパークが20ほどあります。で、実はここは初心者向けだそうで、ほとんどガイドがサポートしてくれない、放置されるところもあるそうです。

南国の豊かな森林に育まれた黒潮の渓谷の変化は愉しい

Chapter 8 ハブは奄美の守り神

◎――奄美観光ハブセンターでハブを見る

カヌーでエネルギーを使い果たしたあとは、「奄美観光ハブセンター」でハブ見学とエネルギー補給です。

なぜ、エネルギー補給かというと、ハブ粉末の練り込まれたキャンディをお盆に盛って、「どうぞ、どうぞ」と勧めてくれるから。ハブ粉末が入っていると言われただけで精力がつきそうです。あっさりした甘さで、ハブっぽい味（？）はしませんでしたが、疲れがとれました。

奄美観光ハブセンター。ハブパワーで充電して元気に集合写真

ハブセンターで飼育されているハブたち。後方に見えるのがハブ神社

ハブセンターにお祀りされているハブ神社

展示室には、捕獲した大きなハブのホルマリン漬がいくつも置かれています。大小いろいろです。ハブセンターの女性が、どうやって捕獲するかなどの説明をしてくれます。

生きていなくても十分コワイのですが、実は生きたハブもいます。地下にある大型のケージで飼育されています。

ハブセンターの方によると、ハブには、無毒のものと毒を持っているものがいて、展示されているのは両方だそうです。アカマタハブ（無毒）、ヒメハブ（毒ヘビ）、トカラハブ（毒ヘビ）、それに、ハブではありませんがウミヘビも一緒に飼っていました。

「お世話をされていて、咬まれることはないのですか」

「めったにありませんが、仮に咬まれたとしても、いまは血清がありますので死に至るようなことはありません。かつては、毒を吸い出して、全身に回らないように脚を縛って止血し救急車を待ちましたが、いまではその必要はなくなりました」

脚を縛って、というのは、咬まれるのはたいていい脚だからです。

「DVDで解説（後述）しておられた中本先生は、ハブを素手でつかんでいましたね」

「中本も6回くらい咬まれたことがあります。でも、適切に処置しましたから大丈夫でした。いまでは、ハブで咬まれて亡くなる方はほとんどいらっしゃいません」

ハブセンター入り口

ということで、私たちが考えるほどコワイものではないようです。しかしながら、油断はできません。ハブセンターには「ハブ神社」がお祀りしてあり、訪れた観光客が安全祈願できるようになっているからです。小さな赤い鳥居に、本坪鈴《ほんつぼすず》まで設置された、ミニチュアとはいえ本格なものです。

どうして、ハブセンターにハブ神社があるのか。

「ハブは山の守り神です。でも、外からいらしたお客様はハブについて詳しくありません。奄美の山の中なんかを散策していて、ハブと鉢合わせしたり、咬まれたりしないよう、ハブセンターにいらしてくださったお客様には、私たちが注意事項をご説明いたします。さらに、お客様ご自身がご祈願できるようにということで、ハブ神社をお祀りしたのです」

ケージでゆっくりと身をくねらせているハブは、かなり不気味。それは、ハブセンターに見学に来る人が共通して抱く思いでしょう。そんな観光客の応対をしていて、質問に答えたりなどしているうちに生まれた措置のような気がしました。

◎──「ハブ狩り」と「ハブアタリ」が集落の結束を強くした

奄美名物といえばハブ。ハブといえばコワイ毒蛇。

そんなイメージがありますが、奄美の人たちは、ハブは守り神だといいます。ハブに咬まれるのを恐れて、うかつに山に入らない、河を汚さない、それで奄美の自然環境が守られました。

そればかりでなく、ハブは集落の人たちを結びつけるのにも一役買っていました。

『復刻奄美生活誌』（恵原義盛著、南方新社）では、ハブが人々をやや強制的に結びつけた集落の行事についてこんな説明しています。

かつては「ハブ狩り」といって、集落でハブを捕獲する共同作業がありました。ハブが活発に活動する4月、5月に行われ、数え年15歳から60歳の男全員が参加しなくてはなりません。朝食を済ませると、手に手にコンボウや竿、鎌を持って集まり、いくつかのグループになってハブのいそうなところで待機します。見つけたら、「いたぞ」と叫んで知らせると、その近くにいるものが集まって共同作業でハブを捕獲する。1グループで必ず一匹取るという責任が課されていたそうです。

同書には、「ハブアタリ」についても書かれています。ハブアタリとは、ハブに咬まれることです。もし、一人で屋外にいるときにハブに咬まれたら、大声で助けを求めます。それを聞いて、村の人たちが必ず助けに来る。そういう約束になっています。自分を咬んだハブを捕まえると傷が浅くて済むという言い伝えがあるため、救助に来た人は病人の介抱よりまずハブ退治から始めます。その後、咬まれた人をおぶって家まで運び、重傷の場合は医者に連れていきます。交通の便といえば馬か船という時代のことです。医者に行こうにも、いまのように車などありません。だから、共助が発達しました。馬を飼っている人は馬を提供するし、船を持っている人は、咬まれた人を乗せて街の医者まで運んだということです。

他人のためにそこまでやるか、と思ってしまいますが、奄美は山が険しく道が細いという地形で、それぞれのシマ（集落）は孤立していましたから、村の中での自治と共助を強固にするという知恵で生き延びました。

マイナス転じて福となすと言われますが、厳しい地形が共助を強くし、仕事を休んでも、集落の行事を優先する習慣ができた。共助には強制力と必然性が必要で、甘い楽しいだけではないことがわかります。

◎——ハブとマングースの壮絶な戦いを見る（ただしＤＶＤ）

ハブがもたらしたのは、共助だけではありません。ハブの生命力が健康に、また大島紬という芸術に、貢献しました。

ハブの成分を抽出してハブ酒やハブ油、ハブ粉末、ハブの肝など健康食が作られました。大島紬の柄はハブのウロコの模様でデザインしています。ハブのウロコは人間の指紋と同じで二つと同じものがありません。それだけオリジナルなデザインになります。今ではいろいろな柄がありますが、ハブ柄が特徴的なのは変わりません。

ハブセンターが設立されたのは１９７４年です。建物はちょっと古びてきていますが、２００７年には鹿児島県知事から薬事功労賞を受賞するなど、島の人々や観光客の健康への貢献が評価されています。

センターで上映されるハブについてのレクチャーと、マングースとハブの壮絶な戦いの記録は、リアリティがありました。ＤＶＤですが、古びていない。

ハブ一筋の中本英一が、白衣を着て、名調子でハブについて語ります。

ハブは水だけで1年以上生き抜く生命力を持つこと、その生命力を人々の健康に役立てることができることなどです。そのあと、ハブとマングースの戦いの映像が流れます。

どちらも強い。と、戦いが佳境に入ったところで、生臭いにおいが漂ってきました。ぎょっとしました。実はこれはお店のサービス（？）。よりリアルに感じてもらいたいという演出でした。

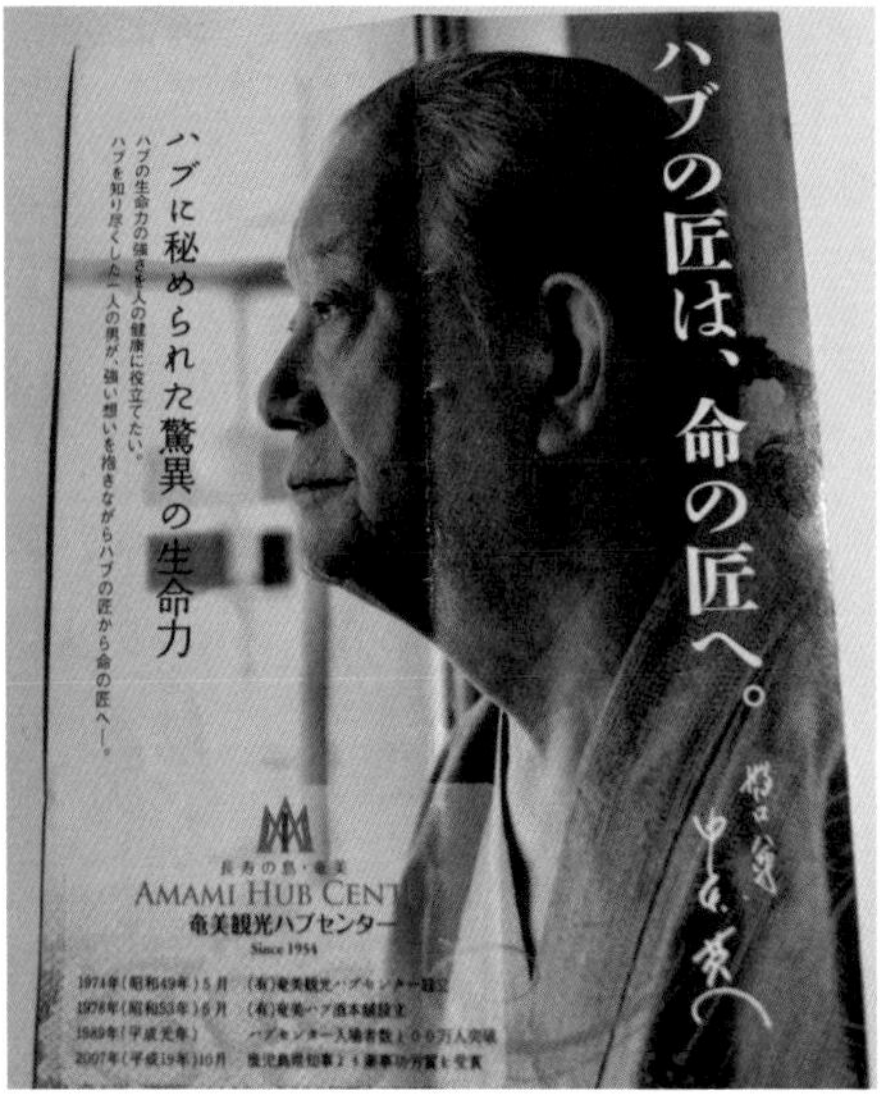

奄美観光ハブセンターのパンフレット。写真はＤＶＤに登場して、ハブの解説をしてくれた中本英一先生。ハブを素手でつかんでいました

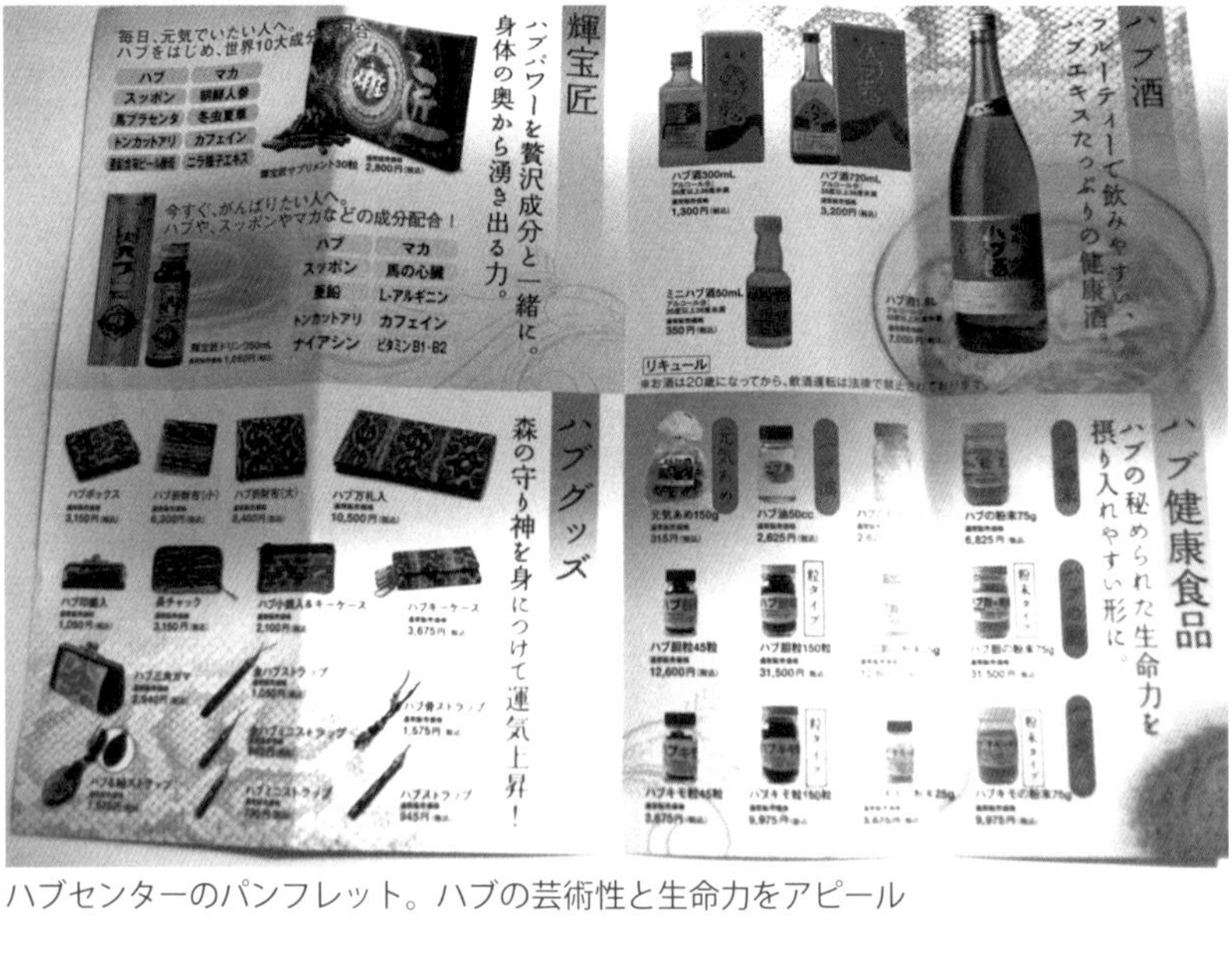

ハブセンターのパンフレット。ハブの芸術性と生命力をアピール

◎――ハブラーメンを食べてみた

「店を開けて待ってますから、絶対来てくださいね!!」

そう言ってくれたのは、旅の一日目におうかがいした教会でお会いしたBさんです。

Bさんは永田橋市場という小さな店が集まった食堂長屋でラーメン屋さんをやっています。土曜日は教会の仕事があるので店はお休みです。でもこの日は、私たちのために夕食時だけ開けてくれるというのです。これは行かねばなりません。

名物は、奄美名産黒豚チャーシュー

永田橋市場入り口。小さな店が並んでいてカウンターやテーブルは通路にあります

の厚切りが積みあげられた島ラーメンです。

スープも、トッピングされた野菜も、自然食っぽいこだわりが満載。お店の説明書きによると、スープは、鶏飯スープに島の黒豚をブレンドしてコクをだしたもの。島野菜のトッピング（季節の島野菜）は、チャーシュー肉の豚骨を黒砂糖と焼酎で味付けしたものです。「なりみそラー油」は、そてつみそとシマ唐カラシ、そして喜界の白ゴマを使用。玉子の産地は宇検村……。素材がすぐ近くのものばかり。身土不二です。そして、ダメ押しで「島ラーメンを食べて幸せを感じて下さい」と書かれています。

ハブラーメンもありました。ハブ酒

島ラーメンの食堂。カーテンの奥が厨房です

通路がそのまま食堂に。椅子をかき集めて自分たちでセッティングします

はあとで効くといわれていますが、ハブラーメンはどうでしょう。

そのハブラーメンを注文したのは、意外や女性陣のみ。

理由は不明。

お味のご感想は？

「わりとあっさりしているのが意外。おいしい。ただ小骨が多いので食べるのに時間がかかってしまって」

とか。

「骨を取るのに時間がかかって麺が伸びてしまった」

という声も聞かれました。

最近「骨取りサバ」とか「骨取りアジ」がスーパーに並んでいる。同じようにして「骨取りハブ」を売り出せば売れるのではないかと、起業家を目指すメンバーが半ば本気で言っていました。

デザートはパッションフルーツ。「これはサービスだよ」と、オシャレな貝のお皿に盛りつけられて出されたフルーツは、見た目はちょっとグロテスク。でも、味は真逆。甘

黒豚チャーシューがたっぷりの島ラーメン

これがウワサの「ハブラーメン」

厨房から顔を出すBさん。Vサインの下の貼り紙に注目

パッションフルーツ。見た目はちょっとグロテスク。濃厚な甘さなのにしつこくなかった

くてさわやか。種まで食べられました。

Bさんの働き方は奄美ならではのもの。店には、こんな貼り紙がはってあるんです。

「ただいまるすにしております。電話したら5分で来ます。

思い切って、どうぞ

シマラーメン　B」

確かにこのほうが合理的かも。

奄美では、こういうお店を時々見かけます。

こんなことがありました。知り合いに聞いた話です。夕方、商店街を散歩していて、欲しかった太鼓が窓越しに見えた、奄美三味線も壁に掛かっている。ちょっと見せてもらおうかと思ったら「午後8時以後に電話してください」という貼り紙があって、引き戸の入り口が開きません。電話番号をメモして、いったんホテルに戻り、一休みしてから電話をしました。無事につながってお店まで行き、話もはずんだのですが、結局買わなかった。わざわざ店を開けてもらって申し訳なかったのですが、太鼓を叩いたときの感覚が、「ちょっと違うな」という印象だったのだそうです。楽器は触ってみないとわかりません。お店の人ももちろん嫌な顔などせず、むしろわざわざ来てくれたことを喜んだということです。

反対に、最近、増えてきたファミリーマートは、奄美の文化に流されることなく24時間営業です。お客さんはたくさん入っていてレジに行列ができているし、込む時間帯は駐車場に交通整理のおじさんがいて誘導してくれます。

便利で、なんでも売っているけど、あんまり浸透してほしくないなあ、というのは観光客のエゴなんでしょうね。

島バスにはハブを担ぐ人たちの絵が

◎――ゲイバー「OH！かまBAR」で、Kママとおしゃべり

おなかがいっぱいになったら、次に行くのはやっぱり飲み屋。さあ、どこに行こうか。やっぱりめずらしいところで、一人では入りづらいところがいい。ということで「OH！かま　BAR」に行きました。ゲイのKママが切り盛りするカラオケ酒場です。女性3人、男性5人の計8人でドヤドヤと狭い階段を上っていきました。3人の女性はゲイバーに行くのは初体験です。

ドキドキしていた私たちを迎えてくれたのは、Kママと二人の従業員。ピンクのシャツにジーパンのオニイサンと、無口だけど踊りのうまいオニイサンです。メニューは飲み物だけで、テーブルには子どもの喜びそうなお菓子が籠に盛り上げられています。

「女性が来てもいいんですか」とおききすると、「うちは女性のお客さんのほうが多いのよ」とママ。なるほど先客はカップルが二組。カラオケの曲を選びながらビールを飲んでいます。

飲み物の注文を取ると、すぐにマイクを二本、持ってきてくれて、「カラオケを楽しんでね」とテーブルの上に置きました。が、誰も手を出さない。何となくシーンとした雰囲気。

それでは、とママが歌ってくれたのが、奄美大島を説明したような歌です。

「大島」だけど「伊豆大島」じゃないのよ、「沖縄県」じゃなくて「鹿児島県」なのよ、みたいな歌（歌詞をそのまま写すとジャスダックに引っかかるので内容だけ説明しました）。

「これを歌うと、曲をつくった人に3円入るの。だから毎日歌っているのよ」ということでした。

ママが、自分がゲイであることに気づいたのは、何歳のときなんだろう。

思い切って尋ねてみると、こんな答えが返ってきました。

「小さい頃から周りが女の子ばかりだったのよ。だからゲイになったのと関係しているのかな。男の子を初めて好きになったのは小学校高学年のとき。相手は野球部の子で、私も陸上部のスポーツマンだったから、毎日一緒に学校に行ったりしてた子。で、告白みたいなことはしたんだけどね……。

高校を卒業して、実家のお菓子屋を継げって言われたけど、それだけはイヤだと言って、5年の猶予をもらって、お菓子の勉強をするために東京の専門学校に行ったの。ゲイだと確信したのは、その学校に通っているときね。親にカミングアウトしたら、それは病気だって言われて。東京にいるからそんな病気になったんだ、帰ってこいって。いまから考えると笑ってしまうけど、そういう時代だったのよ」

いつも笑顔全開のKママ

太鼓と踊りで盛り上げます

ママの趣味は神社仏閣にお参りすることだそう。

毎月1日と15日は、近くの高千穂神社にお参りするし、旅行に行ったら、ホテルの近くの神社やお寺にお参りする。理由はわからないけど、ずっとそうしている。

だからかどうか不思議な体験もあるということで、ひとつ話してもらいました。

◎――三人の軍人さんに頼られた話

ママの語りをざっくり採録します。


「以前、息子と一緒に山に登ったときのことです。

息子は山の入り口まで行ったところで、『ここは入らん。おれは入らん。一人で行って来て』と言って、断固として動きません。その山は、昔、飛行機が墜落したところなんですね。らんかん山というところです」


ここで、ちょっと説明。

Kママには息子さんがいます。結婚していたことがあって、相手の女性はレズビアンです。一種の偽装結婚です。その後、離婚しました。

話を戻します。

「らんかん山には慰霊碑がありますよね。学生の頃は、何とも思わなくて、らんかん山でタバコ吸ってるような学生だったんですけど。大人になってから行って、この子たちは二十歳になる前に亡くなったんだと思うと、胸がつまってね。それで、手を合わせて、冥福を祈りました。

そのときは夏でした。風も吹いていなかったんですが、山をおりるのに坂を下っているとき、樹がね、ザワザワ、ザワザワって、こう揺れるんです。それで、私は、この人たちは私が手を合わせたことに対して喜んでいるのかなって。そう思ったんです、よかったな、と。

ところが、そのころから、身体の具合が悪くなって。体が重くて家から出られないんです。外に出たくない。家にずっと籠っていました。人にも会いたくないんですね。そのとき、お店をやっていたんですけど、従業員がいっぱいいたんで、私が店に出なくても何とかなった。

母親が気づいて『あんた、おかしい。ちょっと相談に行っておいで』って言って、男の神様（霊能者）に予約したんですね。それで行ってくるようにと言われた。ところが、私はすっかり忘れていて、行かなかったんです。そしたら母親が、また予約を取ってくれたんです。

その神様のところに行くと、神棚にろうそくが立っていて、ろうそくって普通は一本立っていますよね。ところがそのときは3本立っていて、揺れてるんですよ。そしたら先生が、『あんた、3人も連れてきて、きついでしょう』って。

3人いるんだ、と思って。先生が『祓ってあげるからね』とお祓いをしてくれたんです。でも、祓えているのかどうかは自分ではわからない。

帰る途中に、ユタ神様から電話がかかって来て、『○○先生に祓ってもらったから大丈夫』って言うと、『いや、そうじゃなくて、お茶飲みにおいで』って言うんですね。それで、行ったら、もう白い着物を着て、神棚の前で待っていたんです。

『はい、ここに座って』と言うので、座ると、『上着脱いで、Tシャツ脱いで』と言って、白玉団子をこねたものを、私の体に塗りたくるんです。『これ、なに』って言ったら、『あんたに憑いているのは、これやらんと取れんからって。夢でお知らせが来たから』って言うんです。絶対ウソだ、と思いながら、やってもらったわけ。背中はもう白玉だらけ。

『これ、どうすればいいの、水で流していいの』ってきくと、『夕方、海に行って、流しておいで』って。まだ10月で、海に入れる時期だったから、一番近い海岸にバイクでバーッと行って、浜で流して、拭いていたら、今度はまた違うユタから電話があって、『あんた、いま、どこ』って言うから、『海岸だよ』って言うと『近くだから家においで』って言うんです。『もう今日はどこにも出たくないから』と言うと、『いいからおいで、あんたに紹介したい、いい神様が来てるから』。で、近くだから、また行ったわけです。そして、3人でしゃべっていたら、神様が『あんた、真ん中に座んなさい』。それで『あんた、きついでしょう』っていうわけです。私はもう取れたと思っていましたから、その日に祓ってもらったことを話したんです。そしたら『まだ取れてないよ』と言われて、3人憑いてるよ、と言うのです。朝も同じことを言われたわけです。『この3人は、あんたのところが気持ちよすぎて、もう出たくない、と言ってるよ』私が『きつい』って言ったら、『じゃ、あと二人呼ぶから待っていて』と言って、小神《こがみ》を二人呼んで、それで祈祷して外してもらいました。かなり激しい祈祷でしたね。あとで『軍人さんが3体、憑いとったよ』と言われました。それで、『ああ、あそこだ、らんかん山だ』と。そこでまだ成仏されていない御霊がいらっしゃるんだな、と」

Kママは代々世襲のノロの家系の出身です。ノロは女性しか継げませんから、Kママが御霊を成仏させることができるような力を持っていても、ノロにはなれません。でも御霊はKママを頼りました。三人の御霊にはKママがどんなふうに見えた（感じた）んでしょう。

Chapter 9　リベンジのハートロックへレッツゴー

◎——ハブの出そうな熱帯植物のトンネルを通って、海へ

5月21日（日）——。

いよいよ旅の最終日です。

行ったのは、もちろん、ハートロック。

初日は海の中に沈んでいて見られず、Fさんが嘆き悲しんだあの岩場です。

「いまは干潮だから大丈夫」とコーディネータのTさんが太鼓判を押してくれました。

案内標識に導かれて、うっそうとした植物のトンネルに入ります。

だれかが手入れをしてくれているのでしょう。道はくっきりした一本道が維持されていて、植物に侵食されていません。

もし、この道がなければ、富士山の樹海を彷彿とさせる風景です。

ハブも出そうでビクビクです。

草むらに潜んで草や土と一体化しているので気づきにくいとか、とぐろを巻いているのが電光石火のごとく一本の棒になって咬みつくという話も聞いていました。道の草をきれいに刈ってあるのは、ハブ対策かもしれません。夜行性のヘビだから昼間は出ないでしょうが、それでもコワイ。

ハブは直射日光に弱いので、とにかく明るいところを歩くようにしました。海岸までの道は長く感じられました。

案内標識に導かれてうっそうとした熱帯植物のトンネルへ

ハブと遭遇しそうな道が続きます

歩きやすい道ですが、油断大敵

森はジャングル、南国の雰囲気

◎――ハートロックがあった!!

トンネルを抜けると、海が広がっています。

ありました！

ハートロックです。

本当にハート型です。バランスの取れた見事なハート型。

どんな波に削られて、いったい何百年かかって、こんな姿になったのでしょうか。この写真は砂浜から撮ったものですが、ドローンで上から撮りたかった。左右対称の正統的なハートが撮れたことでしょう。


Fさんは大感激。

岩を伝って、すぐそばまで行き、手を浸して「ハートの海」を味わっていました。

旅の雑誌には、ハートロックをスマホの待ち受けにすると恋がかなうと書かれています。ほんとかどうかわからないけど、念力は強くなりそうです。

浜辺に出ました

ありました！　ハートロック。ドローンで撮りたい！

童心に帰って背の高い順に並んでみました

Chapter 10 田中一村記念美術館

◎――田中一村の東京時代、千葉時代、奄美時代の絵画を展示

田中一村記念美術館は、田中一村の絵画を常設展示する美術館として、2001年9月、奄美パークの一角に開館しました。奄美空港まで車で5分と近いのと、奄美パークには奄美の生態系の展示があり、フロアではいろんなイベントをやっているので、来館者は多いです。

常設展示室には、東京時代、千葉時代、奄美時代の一村の絵画が80点、展示されています。年に4回、展示を変えて、一村の全貌を見せてくれます。一村の生涯をたどる映像も公開されています。

田中一村は明治41年（1908）に栃木市に生まれた日本画家で、やはり日本画家である東山魁夷と同年生まれです。東京美術大学（現・東京芸術大学）でも同級生でした。ただ、一村は東京美術学校を2カ月で中退しますが、魁夷のほうは卒業後は日展の画家

として、画家の本流を進んでいきます。

一村は退学後、独学で制作をつづけ、南画から花鳥画へ、そして風景画を写実的に描く作風に変わっていきます。青龍社展に「白い花」が入選したものの、中央画壇では認められず、農業で自給自足の生活をしながら千葉市で制作を続けました。

奄美に移住したのは50歳のときです。これはスゴイんじゃないでしょうか。

移住当初は、名瀬にしばらくいましたが、その後、和光園の小笠原登医師の官舎に同居するようになりました。和光園の自然に魅せられた一村が名瀬から和光園に通っていたのを、小笠原医師の好意でそんな流れになったのでしょう。

小笠原医師は、京都大学の皮膚科の専門医で、京大を退官後、和光園に勤務していました。「ハンセン病は強制隔離の必要なし」と主張していた反骨の闘士です。

やがて和光園の近くに家を借りて、大島紬の染色職人として働きながら、「不喰芋と蘇鐵」や「エビと魚」といった名作を仕上げていきます。生涯を和光園の近くに住み、住む家にも恵まれました。

「一村終焉の家」も、和光園の近くにあります。ただし、これは一村が実際に住んでいた有屋から移築されたものです。一村が住んでいた場所は区画整理のため家を保存することができず、移築という措置を取りました。ただ、家は当時のままです。広い庭があり、その端のほうに建っています。広い庭では恐らく野菜を作っていたのでしょう。家はい

奄美パークと田中一村記念美術館

田中一村記念美術館案内板

田中一村記念美術館外観

田中一村記念美術館内部

奄美パークの案内板

田中一村記念美術館に置かれた一村像

奄美パークのイベント会場で行われていた「いもーれ　奄美パークへ」と題したイベント

ま見ると、経年劣化でみすぼらしく見えますが、中は結構広いし、床の間もあるし台所もあり、絵を広げるスペースも広い。

一村について書かれた本には、一村が69歳で最期を迎えた家は陋屋《ろうおく》（狭くてみすぼらしい家）だという表現が使われています。

ところが、現地の人に尋ねると「広い家だよ」とのことです。和光園の方も広い家だと言っていましたし、タクシードライバーの意見も同じ。いまの感覚でどうあれ、一村はここを「御殿」と呼んでいて（『日本のゴーギャン田中一村伝』南日本新聞社編著、1999年）、これからの創作生活に意欲をたぎらせていたに違いありません。同書には、70代の絵をかき上げたらいずれ個展を開こうと友人に語っていたと記されています。

一村とはどんな作風の画家だったのか、画集が出版されているので、その一部の出版物の外装を写真で引用し紹介します。個人的には、日本画家の伊藤若冲《じゃくちゅう》と雰囲気がよく似た絵だと思います。

◎——一村は新しい展開を求めて奄美に来た

一村が50歳にもなって奄美に移住したのは、奄美の自然が一村に描くべき題材を与えたからだと言われています。日本の植物の種類は約３９００種です。そのうちの43％に

田中一村が最後まで住んでいた家

『田中一村 新たなる全貌』（展覧会図録、2010 年）、『NHK 日曜美術館「黒潮の画譜」田中一村作品集』（日本放送出版会、1985 年）

当たる約1700種が奄美にあります。鳥は全国で555種、そのうちのおおよそ50％に当たる290種を奄美で見ることができます。奄美の面積は、日本列島の0・19％にすぎませんが、そのわずかなスペースに、それだけの動植物が詰まっている。それが奄美です。

さらに和光園は、三方が山に囲まれた奥地なので、野山の植物の宝庫です。一村は森の中を一日に12キロ、毎日歩きました。朝の薄暗いときから、一人で森を歩く。それが一村の創作の原動力になったのは間違いないでしょう。自然のなかで精霊にあったかもしれないし、神を感じたこともあったはず。

展示を年代順に見ていくと、東京時代や千葉時代のものに比べて、奄美時代の絵の吸引力の強さに圧倒されます。

学芸専門員の方は、一村が奄美に来た理由を、新しい展開を求めたからではないかと推測していました。作家として次の展開を考えたとき、一村はたまたま宮崎とか九州にいて、ビロウジュを見て、これはいいモチーフじゃないか、奄美に行くと、もっといいモチーフがあるんじゃないか。それで奄美に来たのではないかというのです。

的を射た見方です。

「私も絵を描く人間なので、一村の気持ちがよくわかります」

という言葉は、一村を代弁しているように聞こえました。

一面のサトウキビ畑。収穫後なので背の高いサトウキビ畑とは感じが違います

◎──締めくくりは一面のサトウキビ畑で記念撮影

一村を堪能し、奄美パークで開かれていた踊りのイベントも見物して、旅の最後は、奄美の名産サトウキビ畑に行くことにしました。

よきにつけ、あしきにつけ、奄美を支え続けているサトウキビ。空港まで走る道の両側に広大なサトウキビ畑が見えます。

といっても、畑には、農作業している人は誰もいません。さすが奄美は日曜日は全休だと思いきや、収穫時期は12月から4月下旬まで。すでに収穫が終わっていたのです。サトウキビは2メートル以上の高さに育ち、収穫するのは茎の部分です。茎に甘い汁がたっぷり溜めこまれています。

収穫された茎は製糖工場に搬入し、細かく砕いて圧搾機で汁を搾りとり、黒糖へと加工していきます。黒糖になるのはもとのサトウキビの14～15％だそうです。

奄美のお土産は、とにかく黒砂糖を使ったものが多いです。ざっと並べると、奄美あんだぎー（黒糖ドーナツ）、黒糖ショコラ、豆ぽっくり（ピーナツと黒糖）、黒糖焼酎、ゴマざた（黒砂糖とゴマ）等々。これでもかとばかりに黒砂糖です。

EPILOGUE　新しいあしたに向かって

◎――羽田航空神社に旅のお礼参り

飛行機は定時に出発。予定通り羽田に着きました。
羽田航空神社に、お礼のお参りをしました。

それぞれ、いろいろあって、充実した旅のお礼を申し上げたあと、ご祭神の前で記念撮影です。

「ハードだったけど、おもしろかった」――みんなそんなオーラが出ていますよね。
行きの羽田空港で初対面した7人です。でも、そうは見えないでしょう。奄美空港での、ちょっと戸惑ったよそよそしい感じがなくなっています。たった3日間、一緒に旅して、こんなつながりができました。

それ、写真からわかりますよね。
みんなが仲良くなれる奄美大島。
あしたは月曜日。街を見る目がちょっぴり変化しているかもしれません。

（文責：ライターM）

羽田航空神社で旅のお礼を申し上げました。「ありがとうございました」

[編著者プロフィール]
Marcion の匣（マルキオンのはこ）：
「マルキオンの匣」は、日本各地の神社仏閣を巡る旅をしながら、おいしいものを食べ歩きしようというグループです。
「マルキオン」とは 2 世紀ごろに活躍した宗教者の名前で、当時のキリスト教的なイエスの解釈に異を唱えた人物です。私たちも、ただ楽しむだけではなく、現在の神社仏閣のあり方や、日本を支えて亡くなった方たちへの鎮魂に対して、ささやかながら異を唱えてこの匣のなかに入れていきます。なぜ「箱」ではなく「匣」なのか。匣とは蓋のある小箱で亀の甲のように隠すという意味があります。神社仏閣は神聖なようでいて実は虐殺された魂を鎮めるものでもあるという隠された歴史もあります。歴史を深堀りし、現在の繁栄の礎になられた方々に感謝を捧げたい。おいしいもののウラには先人の涙があるかもしれません。それを味わい尽くしたいと願うグループです。

アマミオオシマ――セレンディピティを楽《たの》しむこと：巡礼《じゅんれい》と鎮魂《ちんこん》

2023 年 8 月 20 日　初版第 1 刷発行
編著者　Marcion の匣（マルキオンノハコ）
発行者　小堀 英一
発行所　知玄舎
埼玉県さいたま市北区奈良町 98-7（〒 331-0822）
TEL 048-662-5469 FAX 048-662-5459
http://chigensya.jp/
発売所　星雲社（共同出版社・流通責任出版社）
東京都文京区水道 1-3-30（〒 112-0005）
TEL 03-3868-3275　FAX 03-3868-6588
印刷・製本所　中央精版印刷株式会社

ISBN978-4-434-32592-2